Aus dem Französischen
übersetzt und bearbeitet von
Lieselotte M. Blasen

Bilder von
Romain Simon

Simba, der kleine Löwe

PESTALOZZI-VERLAG, D 8520 ERLANGEN

Durch das hohe Gras der Steppe schleicht Simba, das Löwenkind. Nicht, daß du glaubst, es befände sich auf der Jagd – nein, dazu ist es noch zu klein. Simba wartet vielmehr darauf, daß endlich sein Vater und seine Mutter von der Jagd zurückkommen. Und weil er sehr ungeduldig ist, ist er ihnen schon ein Stück entgegengegangen. Ihm ist es eigentlich noch gleichgültig, ob seine Eltern etwas gefangen haben oder nicht. Noch trinkt er sowieso nur Milch.

Er sieht eine Gazelle, die zögernd näher kommt. Sie hat Durst und möchte zur Wasserstelle, doch das ist gefährlich, denn jetzt in der Dämmerung lauern überall Raubtiere auf Beute. Sie lauscht vorsichtig nach allen Seiten. Plötzlich zuckt sie

zusammen und flieht so schnell wie der Wind. Simbas Mutter taucht auf. Sie hatte dieser Gazelle aufgelauert, doch plötzlich waren Simba und seine Schwester durch das Gras gepurzelt gekommen und hatten die Gazelle aufgeschreckt. Ärgerlich sieht die Löwenmutter den Grund dafür, daß Simba und seine Schwester trotz ihres Verbotes das sichere Versteck verlassen haben: ein Stachelschwein.

Ein drohendes Knurren ist zu hören... Vater Löwe kommt. Jetzt sieht das kleine Stachelschwein aber zu, daß es sich aus dem Staub macht. Man hört noch seine Stacheln rascheln, als es blitzschnell im nächsten

Gebüsch verschwindet. Auch die Löwenmutter knurrt ärgerlich. Sie ist wütend über ihre unfolgsamen Kinder.
Die Nacht bricht herein. In einiger Entfernung ist das Geheul von Hyänen zu hören, und irgendwo antwortet darauf ein Schakal.
Die beiden Löwenkinder ziehen sich in den Schutz ihrer Mutter zurück. Hier fühlen sie sich geborgen, denn die Löwin paßt auf sie auf. In der Nacht sind viele Räuber unterwegs, die Löwenmutter muß ihre Kinder vor ihnen schützen.

Dicht an das warme Fell der Mutter geschmiegt haben Simba und seine Schwester die ganze Nacht über geschlafen. Nun blinzelt Simba als erster in die Morgensonne. Er niest und schüttelt seine drolligen, runden Ohren.
Der Vater kommt mit einem geschlagenen Zebra zurück. Das wird

ein Festmahl für das ganze Löwenrudel. Allerdings muß der Löwenvater gut aufpassen, damit sich kein anderes Tier an seine Beute heranmacht. Über ihm kreisen bereits ein paar Geier. Ihnen und auch den Hyänen und Schakalen gönnt er seinen Raub nicht. Simba kennt diese Sorgen noch nicht, denn er trinkt Milch bei der Mutter.

Mittag. Eine brütende Hitze liegt über der Steppe. Alle Tiere ziehen sich in den Schatten zurück und ruhen sich aus. Auch die Löwen suchen sich ein kühles Plätzchen, um dort ein wenig zu dösen. Simba will nicht ausruhen. Er spielt viel lieber mit dem Schwanz seiner Mutter, der ständig hin und her saust. Für ihn ist es gar nicht so einfach, den Schwanz jedesmal zu erwischen, denn er ist noch recht

tollpatschig. Doch das stört ihn nicht, er hat seinen Spaß mit diesem Spiel.
Seine Schwester beschäftigt sich unterdessen damit, ihre Mutter ganz sanft in den Hals zu beißen. Die Löwenmutter ist sehr geduldig und läßt sich alles gefallen. Ab und zu leckt sie dann jedem ihrer Kinder kräftig übers Fell – die netteste Liebkosung, die es für ein Löwenkind gibt. Nun ruht die Steppe für einige Stunden. Erst wenn es in der Dämmerung kühler wird, beginnt wieder die Jagd.

Simba ist es hier zu langweilig. Immer nur mit dem Schwanz seiner Mutter zu spielen, macht auch keinen Spaß. Jetzt will er auch einmal jagen… natürlich noch keine Zebras, aber er kann ja einmal mit Heuschrecken anfangen. Leicht geht auch das nicht, das stellt er schnell fest. Immer wenn er zum Sprung ansetzt, hüpft die Heuschrecke fort – er erwischt sie einfach nicht!

Dann eben nicht. Simba hat ja noch Zeit, das Jagen zu lernen. Und irgendwann wird er es bestimmt seiner Mutter und seinem Vater gleichtun können.
Wenn es mit dem Heuschreckenjagen auch nicht so klappt, dann versucht er sich eben einmal im Klettern. Er probiert es an einem dicken Ast – doch er fällt beinahe herunter und läßt es dann lieber sein. Mittlerweile ist er nun doch müde geworden und gleich schläft er im Schutz seiner Mutter ein.

Das ist nach wie vor Simbas Lieblingsspiel: Er stürzt sich schnell wie ein Schatten hinunter zum Fluß. Seine Schritte sind dabei nicht zu hören. Kaum ist er von unten zu sehen, da erheben sich die vielen schönen Flamingos in die Luft. Ein herrliches Bild. Wenn er dann wieder zurückrennt, dann sieht er die Tiere der Steppe davonjagen, sie fliehen beim geringsten Anlaß.

Am Fluß unten ist es überhaupt recht interessant. Voller Neugierde blickt er in das Wasser, wo sich die große Familie Flußpferd badet. Diese Dickhäuter sind fast immer im Wasser, selten kommen sie einmal heraus. Doch Simba muß vorsichtig sein, daß er sie nicht reizt, denn so träge sie auch wirken, Flußpferde können sehr gefährlich sein. Vor ihren großen Bullen hat sogar Simbas Vater Respekt.
Es wird Zeit, wieder zur Mutter zurückzukehren. Der Abend kommt,

und die Raubtiere begeben sich wieder auf die Jagd. Simba bemerkt nicht, wie hinter ihm ein Panther zum Sprung ansetzt. Er hat es auf ihn abgesehen. Doch zum Glück hat Simba gerade seine Mutter erreicht, und hier wagt es der Panther nicht, ihn anzugreifen.
Auch Vater Löwe hat sich wieder auf die Suche nach Beute begeben.

Wie schön ist es nun wieder bei der Mutter! Sie leckt ihm liebevoll über das Gesicht, und damit ist alles gut.
Heute hat Simba ein Giraffenkind entdeckt und Freundschaft mit ihm geschlossen. Doch warum ruft seine Mutter ihn zurück? Widerstrebend gehorcht Simba. Woher soll er schon wissen, daß Giraffen und Löwen Feinde sind? Wenn er einmal groß sein wird, wird er auch Giraffen jagen.
Plötzlich fängt es zu regnen an.

Es regnet in Strömen. Die ausgedörrte Steppe saugt begierig das Wasser auf, die Pflanzen erwachen zu neuem Leben. Hier und da bildet sich ein neues Wasserloch. Dorthin werden nun Tiere zum Trinken kommen, bis das Wasserloch erneut versiegt ist.
Simba liebt es, sich in solchen Wasserlöchern und in Flüssen zu baden. Heute möchte er den Regen ausnützen und gleich baden

gehen. Doch im Wasser sieht er ein Krokodil. Es sieht aus wie ein dahintreibender, abgestorbener Ast. Doch Simba kennt seine Gefährlichkeit. Er wird lieber doch nicht baden.

Am Fuß eines Berges erscheint eine Elefantenherde. Der große Leitelefant trompetet laut durch seinen Rüssel vor Freude über den segensreichen Regen. Es gibt kein Tier, dem dieser Regen nicht willkommen wäre.

Simba bildet sich ein, daß es schön sein müßte, mit einem jungen Elefanten zu spielen. Doch das wird nie möglich sein. Auch für Elefanten sind Löwen Feinde, wenngleich Löwen ausgewachsene Tiere nicht angreifen. Gegen Elefanten haben sie kaum eine Chance.

Das bunte Treiben der Wasservögel gefällt Simba. Kronenkraniche, Reiher, Pelikane und viele andere Vögel gibt es hier. Sie leben von den Fischen in dem Wasserloch und von den Insekten, Würmern und

Pflanzen, die an seinem Ufer zu finden sind. Es sind sehr viele schöne Vögel darunter. Doch dafür hat Simba keinen Sinn. Er sieht in diesen Tieren nur die Beute, die, wenn man sie fangen könnte, eine fürstliche Mahlzeit abgeben würde.
Doch vorerst ist er noch zu klein, er hat ja eben erst begonnen, ab und zu ein Stück Fleisch zu fressen, das er von seiner Mutter bekommt.

Zebras, Antilopen und alle Tiere, die von den Löwen gejagt werden, laufen nicht immer davon, wenn ein Löwe in ihre Nähe kommt. Sie wissen genau, daß Gefahr nur während der Jagdzeit besteht. Wenn die Löwen nicht hungrig sind, greifen sie auch kein Tier an. So kann es geschehen, daß Simba mit einem hübschen, kleinen Zebra zusammentrifft. Jetzt kann das Zebra sorglos hierbleiben, obwohl Simbas Mutter in der Nähe ist. Und vor Simba muß es sich ohnehin noch nicht fürchten.

Sobald sich jedoch bei den Raubtieren der Hunger regt, sind die

übrigen Tiere der Steppe auf der Hut. Sie sind stets darauf gefaßt, plötzlich zu fliehen, nur so können sie überleben. Würden sie einen Moment zu lange zögern, könnte dies ihren Tod bedeuten. So grausam es auch scheint, das Töten der Löwen hat eine gute Seite: Es sind immer die schwächsten Tiere, die den Raubtieren zum Opfer fallen, auf diese Weise bleiben die Stärkeren am Leben und der Tierbestand wird gesund erhalten. Kranke Tiere überleben in der Wildnis nicht. Selbst ein alter oder kranker Löwe fällt anderen Raubtieren zum Opfer.

Auf einer neuen Entdeckungsreise trifft Simba ein höchst merkwürdiges Tier. Zuerst wundert er sich, daß es nicht wie ein Vogel davonfliegt oder wie alle anderen Tiere davonläuft, als er darauf zu springt. Es trottet vielmehr gemütlich weiter, als würde es sich nicht um ihn kümmern. So etwas ist Simba noch nicht vorgekommen. Knurrend geht er in Lauerstellung und stürzt sich dann mit einem Satz auf die Schildkröte. Doch seine scharfen Krallen rutschen auf dem festen Panzer ab, er kann ihr nichts anhaben. Die Schildkröte aber zieht ihren Kopf und ihre Beine in das Innere ihres Panzers und kümmert

sich nicht weiter um den verdutzten Simba. Ein erwachsener Löwe wüßte sie nun mit seiner Pranke umzudrehen und so an ihr Inneres zu gelangen. Simba jedoch trottet enttäuscht davon und sucht nach etwas anderem.
Plötzlich findet er sich Nase an Nase mit einem Mungo. Doch der Mungo kümmert sich ebenfalls nicht um ihn und verzieht sich wieder. Keiner hat Zeit für Simba!

Von den Kaffernbüffeln sollte sich Simba fernhalten, denn sie sind sehr jähzornige Tiere. Doch davon ahnt der kleine Löwe nichts. Er beobachtet sie interessiert, wie sie sich bei einem Wasserloch im Schlamm wälzen, um so ihre vielen Insektenstiche zu bedecken, damit sie nicht so schmerzen. Am Ufer steht ein Junges, darauf ist Simbas ganze Aufmerksamkeit gerichtet. Neugierig geht er darauf zu. Vielleicht kann er mit ihm spielen. Plötzlich ertönt ein wütendes Schnauben hinter ihm. Ein zorniger Bulle mit riesengroßen Hörnern steigt aus dem Schlamm und stürmt mit gesenktem Kopf auf Simba zu. Schnell läuft Simba davon und rettet sich in ein hohes Gebüsch. Das ist sein Glück, denn der Bulle hätte ihn mit Sicherheit zertrampelt. Kaffernbüffel sind so stark, daß sogar Simbas Vater ihnen aus dem Weg geht, wenn er kann.

Alle Löwen klettern gern auf Bäume, Simba natürlich auch. Nicht, daß er dort Vogelnester plündern würde – zu jagen gibt es für Löwen nichts auf Bäumen – aber das Klettern ist gut für die Muskeln. Auch werden die Krallen dabei scharf. Simba versucht sich an einem Baum. Jetzt ist er schon so groß, daß er hinaufkommt. Doch oben geschieht ihm

dann doch ein Mißgeschick. Er verliert das Gleichgewicht und fällt herunter. Aber das ist nicht schlimm, denn er fällt weich auf sein gut gepolstertes Hinterteil.
Ganz so tollpatschig, wie er früher war, ist Simba nun dennoch nicht mehr. Er ist jetzt schon geschickt genug, um kleine Tiere zu fangen und zu töten.

Zwei Jahre sind vergangen, seit Simba und seine Schwester zur Welt gekommen sind. Sie sind in der Zwischenzeit sehr gewachsen, doch sie leben noch immer bei ihrer Mutter. Eines Tages aber verläßt die Mutter die beiden und zieht sich zurück, um neue Löwenkinder zur Welt zu bringen.

Von nun an müssen Simba und seine

Schwester allein weiterleben. Es wird ihnen nicht schwerfallen, denn ihre Mutter hat sie alles gelehrt, was sie zum Leben in der Wildnis brauchen. Wie sein Vater hat Simba nun eine große, prächtige Mähne. Zwar ist er noch nicht ausgewachsen, das wird erst in vier Jahren der Fall sein, doch ist er jetzt schon so stark, daß er ohne weiteres eine Antilope, ein Zebra oder ein anderes Tier in dieser Größe reißen kann. Zunächst wird er in einem Rudel mit anderen Löwen seines Alters auf die Jagd gehen. Irgendwann wird er dann eine Löwin finden, um die er mit anderen Löwenmännchen kämpfen muß, um sie als Gefährtin zu gewinnen.

Wenn er aus diesen Kämpfen als Sieger hervorgeht, wird auch er eines Tages Vater von jungen Löwenkindern sein, die unter dem Schutz der Löwin aufwachsen werden wie einst Simba und seine Schwester. Stolz schreitet Simba nun durch sein Revier am Fuße des schneebedeckten Kilimandscharos, dem höchsten Berg Afrikas. Von Zeit zu Zeit läßt er sein donnerndes Brüllen hören, zum Zeichen, daß er hier der Herr, der „König der Savanne", ist.
Der Tag geht zur Neige. In der Steppe herrscht gespannte Stille. Die Jagd beginnt, und bald bricht die gefährliche Nacht herein, in der wieder viele Tiere ihr Leben lassen werden.
Auch Simbas Hunger regt sich jetzt.

Was du noch alles über Löwen wissen möchtest!

Schon im Altertum hatte der Löwe seinen legendären Ruf als „König der Tiere". Die Fabel hat ihn als „König Nobel" zum unumschränkten Herrscher über die gesamte Tierwelt gemacht. In der Tat hat der Löwe nur einen einzigen Feind: den Menschen. Die unbedingte Überlegenheit des Löwen über die Tierwelt hat viele menschliche Herrscher in der Vergangenheit und selbst in der Gegenwart dazu veranlaßt, sich als Beweis der eigenen Macht mit Löwen zu umgeben. So erregte schon vor über zweitausend Jahren der Römer Marcus Antonius dadurch Aufsehen, daß er mit einem Löwengespann durch die engen Straßen Roms fuhr, wo man normalerweise nur zu Fuß ging.

RÖMISCHES LÖWENGESPANN

LÖWENSTATUE AUS DEM ALTEN ABESSINIEN, DEM HEUTIGEN ÄTHIOPIEN

In vielen Dokumenten und Baudenkmälern hat man festgestellt, daß der Löwe von alters her eine bedeutende Rolle im Leben der Menschen gespielt hat. Schon im Alten Testament der Bibel ist er vielfach genannt. Daß es auch bei uns in Deutschland einmal Löwen gegeben hat, ist noch vielerorts zu sehen. Jedes Gasthaus „Zum Goldenen Löwen" ist ein bleibendes Zeugnis dafür. Auch findet man den Löwen oft als Wappentier, z. B. in Braunschweig und im Freistaat Bayern.

DER LÖWE ALS WAPPENTIER

Um sich das Volk gewogen zu machen, gewährten die römischen Kaiser ihrem Volk „Brot und Spiele". Die Spiele fanden in großen Amphitheatern statt, deren größtes das bekannte Kolosseum in Rom war. Dort ließ man, unter anderem, Löwen gegen Menschen, Tiere und gegeneinander kämpfen. Daß es in der damaligen Zeit viel mehr Löwen auf der Erde gab als heute, sieht man daran, daß Julius Cäsar vierhundert und Pompejus sogar sechshundert Löwen kämpfen ließ.
Um sich der Löwen für dieses grausame Schauspiel zu bemächtigen, fing man sie in Fallgruben. Später entdeckte man, daß sich ein Löwe verwirren ließ, wenn man ihm ein großes Tuch über den Kopf warf; er ließ sich dann ohne weiteres fangen.

DAS STERNBILD DES LÖWEN AM NACHTHIMMEL

REMBRANDT

DER LÖWE IN DER KUNST

DELACROIX

Der berühmte Tierforscher Alfred Brehm berichtet von einem weiblichen Löwenkind, das einem seiner Freunde geschenkt worden war. Es gewöhnte sich schnell an die Menschen, zu denen es gehörte und tat, auch als es erwachsen war, weder Mensch noch Tier etwas zuleide. Das einzige Störende an der Löwin war, daß sie nachts ans Bett kam und den Schläfer durch Liebkosungen aufweckte.

BARTHOLDI: DER LÖWE VON BELFORT

Der Löwe ist der einzige Vertreter seiner Art, es gibt keine Unterarten. Er gehört zur Familie der großen Katzen, von denen er sich aber in vielen Dingen unterscheidet. So lebt er als einzige Großkatze gesellig, das heißt, in einem Rudel, wogegen alle übrigen Katzen Einzelgänger sind. Außergewöhnlich ist auch, daß Männchen und Weibchen unterschiedlich aussehen, besonders die Mähne beim männlichen Löwen ist einzigartig. Die Mähne ist je nach Lebensraum des Löwen stärker oder schwächer ausgeprägt.

GEWICHT DES LÖWEN IN FREIHEIT: 125 kg
LÄNGE EINSCHLIESSLICH SCHWANZ: bis zu 3 m

Löwen leben heute noch in ganz Afrika und in einem verschwindend geringen Teil Süd- und Vorderasiens. Dort sind sie allerdings schon nahezu ausgerottet. Die Größe der Löwen ist je nach Wohngebiet verschieden. Die Gesamtlänge eines Männchens beträgt zwischen 2,3 und 3,1 m. Löwen werden in Freiheit selten schwerer als 125 kg. Im Tiergarten liegt ihr Gewicht meistens viel höher. Der Lebensraum des Löwen sind Steppen und Savannen, in Wüsten und im Regenwald kommt er nicht vor.

ZIRKUSLÖWEN
BEI DER VORSTELLUNG

LÖWEN SCHLAFEN
GERN AUF BÄUMEN